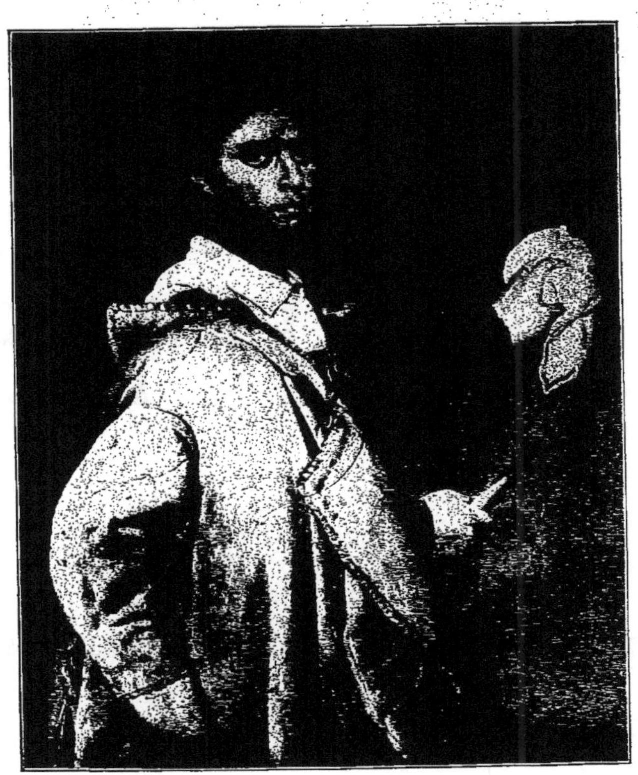

EXPOSITION

INGRES

8 Mai — 5 Juin 1921

ASSOCIATION FRANCO-AMÉRICAINE

D'EXPOSITIONS DE PEINTURES ET DE SCULPTURES

EXPOSITION

INGRES

OUVERTE

DU 8 MAI AU 5 JUIN 1921

EN L'HOTEL DE LA

Chambre Syndicale de la Curiosité et des Beaux-Arts

18, RUE DE LA VILLE-LÉVÊQUE, 18

AU PROFIT

DE L'ASSISTANCE AUX MUTILÉS DE LA FACE

PARIS

IMPRIMERIE GEORGES PETIT

12, RUE GODOT-DE-MAUROI, 12

1921

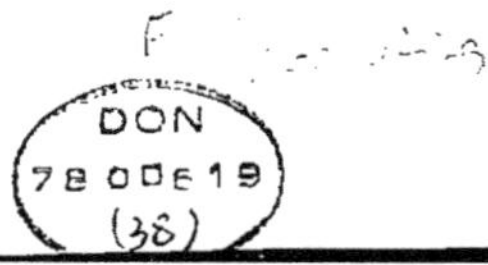

Bibliographie Ingriste de Henry Lapauze

Les Dessins de J.-A.-D. Ingres du Musée de Montauban. Préface par M. Henry
Roujon, de l'Institut, Directeur des Beaux-Arts. — (Correspondance, Manuscrits
de Ingres, Catalogue de l'œuvre gravé, Bibliographie, etc., etc., d'après des docu--
ments entièrement inédits). 600 dessins de Ingres sur 210 feuilles de bristol. Le
texte, de 320 pages in-folio, a été imprimé spécialement par l'Imprimerie nationale
en caractères elzéviriens, d'après les poinçons et les matrices conservés depuis la
fondation de l'Imprimerie. Tirage à 100 exemplaires numérotés. (J.-E. Bulloz,
éditeur.) . . . . 2.000 francs l'exemplaire.
   (*Épuisé.*)
   (*Ouvrage couronné par l'Académie Française : Prix Charles Blanc.*)

Les Portraits dessinés de J.-A.-D. Ingres. Texte imprimé par l'Imprimerie nationale, 100 reproductions. Tirage à 100 exemplaires numérotés. (J.-E. Bulloz,
éditeur.) . . . . 600 francs l'exemplaire.
   (*Épuisé.*)

Ingres, sa Vie et son Œuvre (1780-1867). Ouvrage illustré de 400 reproductions,
dont 11 en héliogravure. 584 pages de texte. (Galeries Georges Petit, éditeur.). 50 fr.
   (*Épuisé.*)

Jean Briant, maître de Ingres, et le Paysage dans l'œuvre de Ingres.
Ouvrage illustré de 28 gravures et 54 pages de texte. (Galeries Georges Petit,
éditeur.) . . . . 30 fr.
   (*Épuisé.*)

Le Roman d'amour de M. Ingres (avec des lettres inédites). (Pierre Laffite,
éditeur.) . . . . 7 fr.

EN PRÉPARATION

Une réédition de **Ingres, sa Vie et son Œuvre (1780-1867)**, avec le texte complété
et mis à jour et 500 reproductions, paraîtra, aux Galeries Georges Petit, à l'automne
de 1922, au prix de 100 fr. l'exemplaire.
   On souscrit dès maintenant.

Catalogue descriptif de l'Œuvre de Ingres, 1 vol.

La Correspondance de Ingres, en deux volumes.

Documents inédits sur Ingres, 1 vol.

Histoire de l'Académie de France à Rome (1666-1910).

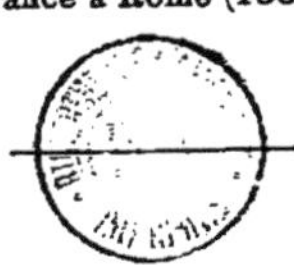

COMITÉ INGRES

DE M. ALEXANDRE MILLERAND, Président de la République
ET DE Monsieur le MARÉCHAL FOCH.

COMITÉ D'HONNEUR

S. E. M. Aristide BRIAND, Président du Conseil, Ministre des Affaires étrangères.
S. E. M. Léon BÉRARD, Ministre de l'Instruction publique et des Beaux-Arts.
S. E. M. MAGINOT, Ministre des Pensions.
S. E. M. Albert SARRAUT, Ministre des Colonies.
S. E. M. Philippe BERTHELOT, Ambassadeur de France, Secrétaire général du Ministère des Affaires étrangères.
S. E. M. l'Ambassadeur d'Italie.
S. E. M. l'Ambassadeur des États-Unis d'Amérique.
S. E. M. l'Ambassadeur d'Espagne.
S. E. M. l'Ambassadeur de Grande-Bretagne.
S. E. M. l'Ambassadeur de Belgique.
S. E. M. le Ministre de Norvège.
S. E. M. le Ministre de Roumanie.
S. E. M. le Ministre du Royaume des Serbes, Croates et Slovènes.
S. E. M. le Ministre de Suède.
S. E. M. le Ministre de Pologne.
S. E. M. le Ministre de Suisse.
S. E. M. le Ministre de la République Argentine.
M. LE CORBEILLER, Président du Conseil municipal de Paris.
M. Ernest GAY, Président du Conseil général de la Seine.
M. AUTRAND, Préfet de la Seine.
M. RAUX, Préfet de Police.
M. Louis AUCOC, Syndic du Conseil municipal de la Ville de Paris
M. DEVILLE, Président de la 4ᵉ Commission du Conseil municipal.
M. F. D'ANDIGNÉ, Conseiller municipal, Rapporteur général du budget des Beaux-Arts de la Ville de Paris.
M. Léon BONNAT, Membre de l'Institut, Directeur de l'École des Beaux-Arts.
M. WIDOR, Secrétaire perpétuel de l'Académie des Beaux-Arts.
M. Paul LÉON, Directeur des Beaux-Arts.
M. R. FALCOU, Directeur des Beaux-Arts de la Ville de Paris.
M. le Maire de Montauban.

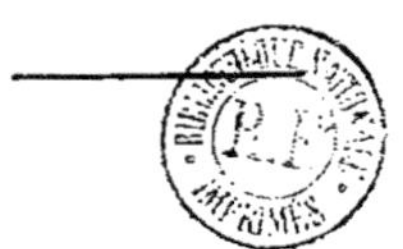

BUREAU DU COMITÉ

Président : M. WALTER BERRY, Président de la Chambre de Commerce Américaine.
Vice-Président : M. HENRY LAPAUZE, Conservateur du Palais des Beaux-Arts de la Ville de Paris.
Secrétaire général : M. le Comte ÉTIENNE DE BEAUMONT.
Secrétaire : M. EMMANUEL FAY.
Trésorier : M. RAYMOND LEHIDEUX-VERNIMMEN.

MEMBRES DU COMITÉ

MM.

ARSÈNE ALEXANDRE, Inspecteur Général des Beaux-Arts.
GEORGES BAL.
LÉON BAILBY.
MAURICE BARRÈS, de l'Académie Française.
Le Prince de BEAUVAU.
PERRY BELMONT.
HENRY BÉRENGER, Sénateur.
J.-E. BLANCHE.
JOSSE et GASTON BERNHEIM Jeune.
GEORGES BERNHEIM.
Le Comte LOUIS DE BOISGELIN.
FÉLIX BOUISSET, Conservateur du Musée Ingres, à Montauban.
ROBERT BRUSSEL.
CHARLES CAPÉRAN.
Le Prince PHILIPPE DE CARAMAN-CHIMAY.
Le Comte STANISLAS DE CASTELLANE, Député.
Le Marquis DE CHARNACÉ.
MAURICE DENIS.
PAUL DUPUY, Sénateur.
Sir JOSEPH DUVEEN.
J. D'ESTOURNELLE DE CONSTANT.
FABRE-LUCE, Vice-Président du Crédit Lyonnais.
ADRIEN FAUCHIER-MAGNAN.
FAY, Notaire honoraire.
ALBERT FLAMENT.
Le Duc DE LA FORCE.
HENRI FRITSCH-ESTRANGIN.
CAMILLE GRONKOWSKI.
Le Duc de GUICHE.
JEAN GUIFFREY.
Le Comte D'HAUSSONVILLE, de l'Académie Française.
ÉMILE-ADRIEN HÉBRARD.

MM.

ÉDOUARD JONAS, Président de la Chambre Syndicale de la Curiosité et des Beaux-Arts.
HENRY DE JOUVENEL, Sénateur.
RAYMOND KŒCHLIN, Président des Amis du Louvre.
HENRI LAVEDAN, de l'Académie Française.
FERNAND-LAURENT.
GEORGES LECOMTE.
GEORGES LEYGUES.
Docteur LUCIEN-GRAUX.
Le Général MALLETERRE.
FRÉDÉRIC MANAUT.
PAUL MATHEY.
LOUIS METMAN.
ARTHUR MEYER.
A. DE MONZIE, Sénateur.
Le Comte ÉTIENNE DE NALÈCHE.
POL NEVEUX, Inspecteur Général des Bibliothèques.
Le Marquis DE POLIGNAC.
PRIVAT-DESCHANEL.
MARCEL POUGIN DE LA MAISONNEUVE.
JOSEPH REINACH.
HENRI RIGAUD.
Le Comte GABRIEL DE LA ROCHEFOUCAULD.
GEORGES RODIER.
PAUL ROSENBERG.
MAURICE SARRAUT, Sénateur.
Sir PHILIP SASSOON.
Le Comte DE SÉGUR-LAMOIGNON.
J. DE SELVES, Sénateur.
HENRY SIMOND.
PAUL SOUDAY.
THIÉBAULT-SISSON.
GEORGES VAUDOYER.
DAVID-WEIL.
N. WILDENSTEIN.

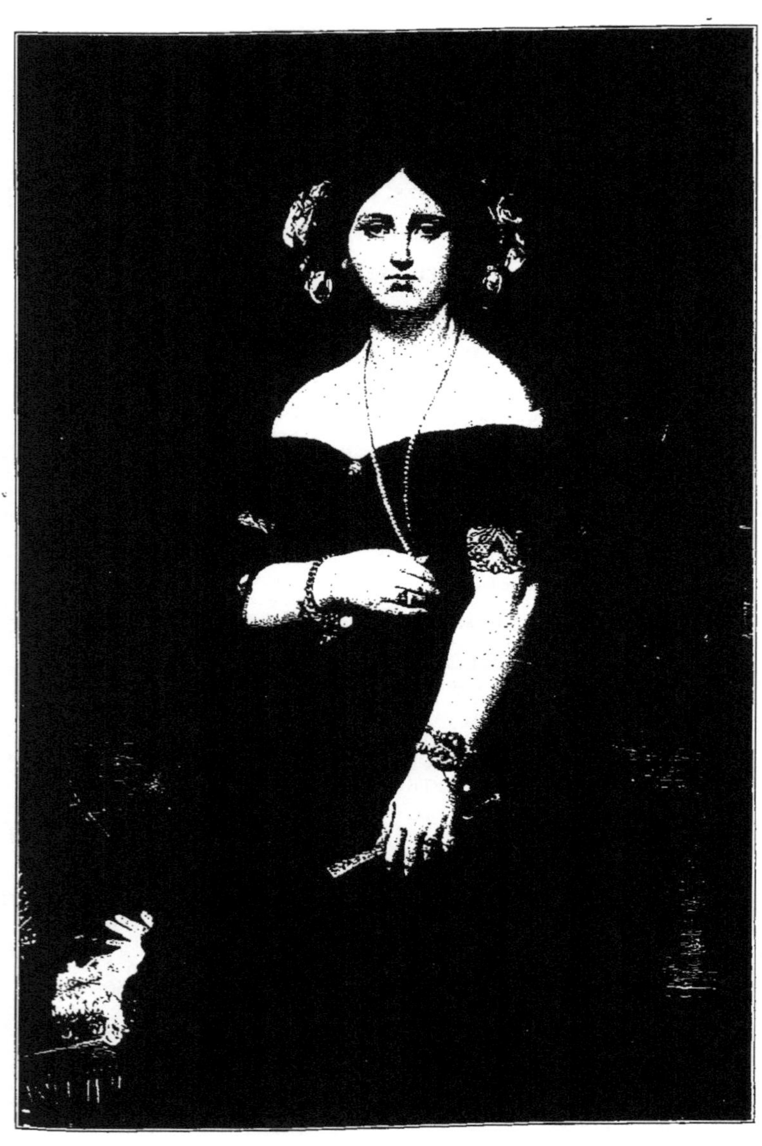

PORTRAIT DE Mme MOITESSIER, NÉE DE FOUCAULT (1851).
Peinture. — Appartient à Mme la Vicomtesse de Bondy, née Moitessier.

DAMES PATRONNESSES

COMITÉ D'HONNEUR

SOUS LE HAUT PATRONAGE
DE S. M. LA REINE DES BELGES

ET LA PRÉSIDENCE D'HONNEUR
DE S. A. R. LA PRINCESSE SIXTE DE BOURBON-PARME

S. E. Mme la Comtesse BONIN-LONGARE.
S. E. Mme WALLACE.
S. E. Mme la Baronne DE GAIFFIER D'HESTROY.
S. E. Mme la Comtesse EHRENSVARD.

S. E. Mme la Baronne DE WEDEL-JARLSBERG.
S. E. la Princesse GHIKA.
S. E. la Comtesse BAMOISKA.
S. E. Mme de ALVÉAR.

Comtesse D'ARAMON.
Duchesse D'AUDIFFRET-PASQUIER.
Comtesse ÉTIENNE DE BEAUMONT.
Comtesse HELION DE BEAUMONT.
Princesse DE BEAUVEAU.
Mme PHILIPPE BERTHELOT.
Mme ALBERT BESNARD.
Comtesse DU BOURG DE BOZAS.
Comtesse BRUNO DE BOISGELIN.
Vicomtesse O. DE BONDY.
Duchesse DE BASSANO.
Mme LEONETTO CAPIELLO.
Comtesse STANISLAS DE CASTELLANE.
Comtesse JEAN DE CHABANNES LA PALICE.
Princesse PHILIPPE DE CARAMAN-CHIMAY.
Duchesse DES CARS.
Marquise DE CHARNACÉ.
Duchesse DE CLERMONT-TONNERRE.
Comtesse A. DE CHEVIGNÉ.
Mme FRANCIS DE CROISSET.
Mme GEORGES COCTEAU.
Mme ALPHONSE DAUDET.
Mme PAUL DUPUY.
Mme ADRIEN FAUCHIER-MAGNAN.
Mme FABRE-LUCE.
Comtesse R. DE FITZ-JAMES.
Duchesse DE LA FORCE.
Duchesse DE GRAMONT.
Marquise DE GANAY.
Comtesse D'HAUSSONVILLE.
Mme HENNESSY.
Mme HARJES.
Marquise DE JAUCOURT.
Comtesse ARMAND DE JUMILHAC.

Mme L.-L. KLOTZ.
Mme GEORGES LECOMTE.
Mme GEORGES LEYGUES.
Marquise DE LUDRE.
Mme LUCIEN-GRAUX.
Marquise DE LUBERSAC.
Princesse AYMON DE LUCINGE.
Lady MILICENT HAWES.
Comtesse R. DE MAUPÉOU.
S. A. la Princesse MURAT.
S. A. la Princesse LUCIEN MURAT.
Mme MUHLFELD.
Duchesse DE NOAILLES.
Marquise DE NOAILLES.
Baronne DE NEUFLIZE.
Mme RAOUL PÉRET.
Princesse DE POLIGNAC.
Marquise DE POLIGNAC.
Mme ALBERT RAMEL.
Comtesse RHIBINDER.
Mme HENRI RIGAUD.
Duchesse DE ROHAN.
Comtesse GÉRARD DE ROHAN-CHABOT.
Mme SERT.
Comtesse DE SÉGUR-LAMOIGNON.
Mme DE SINÇAY.
Princesse SOUTZO.
Mme TOULMIN.
Mme EDWARD TUCK.
Mme W.-K. VANDERBILT.
Comtesse ROBERT DE VOGUÉ.
Duchesse DE VALLOMBROSA.
Mme WHARTON.
Mlle DE WOLF.

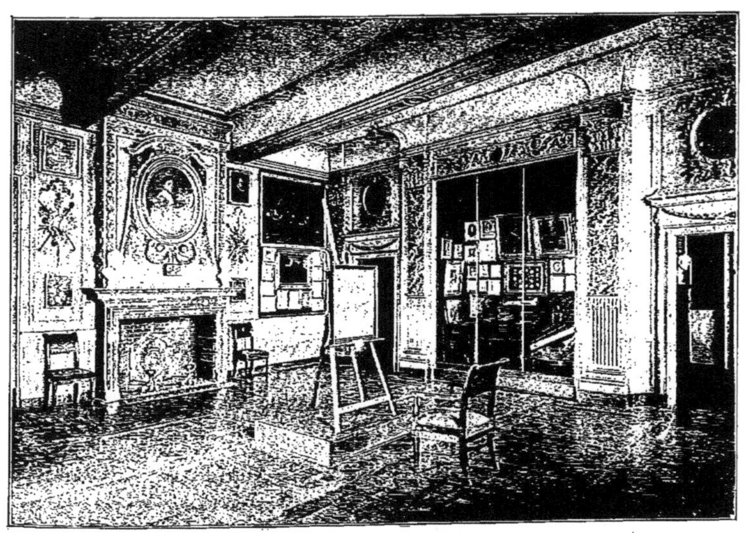

LA NOUVELLE LEÇON DE INGRES

A LÉON BONNAT,
le Premier des Ingristes.

Au temps de mon adolescence, — je parle de longtemps, — je promenais ma rêverie solitaire dans les trois salles qui constituaient alors le Musée Ingres. Puis, je faisais une halte prolongée à la Bibliothèque municipale, dans cette belle salle ogivale où Émile Pouvillon et moi devions, plus tard, si longuement deviser sur les origines et le caractère altier de notre cité montalbanaise. Je rencontrais là quelques vieux messieurs : le bibliothécaire d'abord, qui était un sage, content de peu, très courtois, et qui rédigeait lentement son catalogue. Il y avait le bienveillant libraire, gros et gras, un petit homme de photographe toujours de mauvaise humeur et le professeur de dessin, qui nous enseignait, à Bourdelle comme à moi — mais avec plus de succès pour mon camarade — un peu du peu qu'il savait.

Quelques-uns de ces honnêtes bourgeois de ma ville avaient connu

M. Ingres, ou du moins ils s'en vantaient. Car, à Montauban, et dans un certain milieu, Ingres a toujours été bien porté. Si jeune que je fusse, ces messieurs m'admettaient à l'honneur de les écouter : j'étais, en effet, l'unique client de la Bibliothèque municipale, où jamais nul ne venait troubler le repos du bon M. Monziès, bibliothécaire fantaisiste que devait plus tard inspecter, avec quelque effroi, un Montalbanais d'adoption, mon ami Pol Neveux.

Voilà comment je suis devenu *ingriste,* aux alentours de la douzième année.

Comment j'ai dévoué toute ma vie à Ingres, c'est une autre histoire.

En 1887 — je puis préciser — j'émis l'intention de publier quelques dessins de Ingres, photographiés parmi les cinq mille dessins du Musée Ingres. Je croyais posséder déjà assez bien mon illustre sujet. Je m'en ouvris au conservateur du Musée Ingres, le photographe atrabilaire de mon enfance, lequel me cloua net, et familièrement, par ces mots :

— Qu'est-ce que tu y connais ?

Après tout, en effet, qu'est-ce que j'y connaissais ? Alors, je me remis à l'étude. Et pendant plus de trente années encore, je me consacrai à Ingres, passionnément, mais très attentivement. Je crois savoir à peu près tout de sa vie et je crois avoir étudié à peu près toute son œuvre, — une vie de 87 années et une œuvre formidable, commencée à l'âge de 11 ans et poursuivie sans relâche jusqu'à son dernier jour. Et comme je n'ai pas l'habitude de garder pour moi seul le résultat de mes recherches, j'ai écrit, j'ai parlé, j'ai agi : pendant plus de trente années, tous ceux qui ont voulu connaître Ingres m'ont trouvé sur leur chemin. Les cubistes d'aujourd'hui ont été devancés dans leur admiration pour Ingres par des révolutionnaires qui se sont assagis. Il y a bien trente ans que Paul Signac, avec une recommandation de moi, fit le pèlerinage de Montauban. Maurice Denis suivit de près. Ils pouvaient rencontrer, au Musée, Degas et Bartholomé, qui s'y attardaient de compagnie... Cézanne n'était pas fou de dessin comme Hokousaï, mais il était fou du dessin de Ingres. Et M. Picasso, comme mes jeunes compatriotes André Lhote et Bissière, si compréhensifs de la sensibilité ingriste — dont ils sont pourtant plus éloignés qu'ils ne se l'imaginent, — seront suivis à leur tour par des cadets ardents, comme ils ont suivi leurs anciens. Car c'est la loi désormais : chacun entend, à son heure, pouvoir se réclamer de M. Ingres.

A tous, la voie avait été ouverte par un grand artiste, qui est un grand sage : Léon Bonnat.

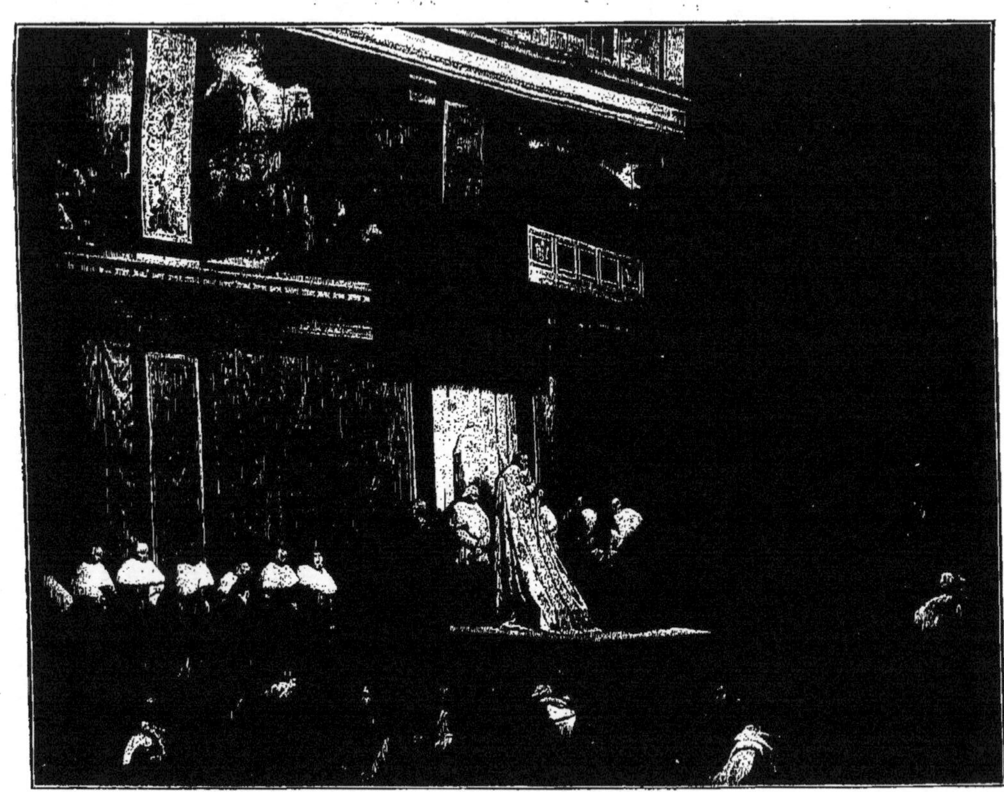

LA CHAPELLE SIXTINE.

Peinture. — (Appartient à Mme Pougin de la Maisonneuve, née Marcotte.)

Le comte Delaborde, à qui l'on est redevable d'un livre très remarquable sur Ingres, me disait :

— « On ne sait pas tout ce qu'on lui doit et ce qu'ont tiré de lui ceux-là même qui en paraissent le moins directement inspirés. »

La sévère discipline que Ingres introduisit dans l'art et à laquelle il se soumit si strictement lui-même, son retour à la nature, après les sèches abstractions de son maître David, l'intégrité admirable de son dessin, eurent sur tous ceux qui vinrent ensuite une prodigieuse et secrète influence. Tout ce que, dès lors, on fit de bien, relève plus ou moins de lui, et sa rude figure, d'un geste impératif barrant les sentiers dangereux, arrêta bien des écarts.

Henry Roujon, qui avait étudié de très près l'œuvre de Ingres, et à Montauban même, comme devait le faire Léon Bérard, comme l'avaient fait Georges Leygues et Albert Sarraut, — et même Jaurès, — écrivait :

« Dans sa seconde vie romaine, alors qu'il dirigeait la Villa Médicis, on le vit hautain, peu maniable, abondant en théories, sachant aimer, sachant haïr, éperdument fidèle à ses dieux, tout à fait méprisant envers les hommes et les choses qui blessaient son rêve de beauté, jalousé comme le sont tous les puissants, trahi comme le sont tous les chefs, et redouté comme le sont tous les forts. Cela excita le dédain d'une élite de railleurs et alimenta leur verve. Voilà Ingres classé comme un réactionnaire endurci; voilà le peintre de *la Source* dénoncé comme l'ennemi de la nature et de la vie. Il n'y eut pas un cabaret de coloristes où l'on ne bût à l'extermination du chef des pompiers.

« Que tout cela est donc loin de nous! Révolutionnaire, réaliste, classique, réactionnaire, que de mots vides! Ils servent encore et serviront toujours. Les applications successives que l'on en fit à cet incomparable maître devraient pourtant suffire à les dégoûter.

« Aujourd'hui, non seulement ne point admirer Ingres vaut un brevet de ridicule, mais on l'admire, soit dit sans reproches, en très nombreuse compagnie[1]. »

De toutes parts, on vient solliciter la leçon, la rude leçon de Ingres : le sonneur de cloches que j'ai été depuis ma lointaine

1. Préface à mon livre : *Les Dessins de J.-A.-D. Ingres du Musée de Montauban,* gr. in-fol., 1901.

adolescence pourrait désormais s'arrêter. Il ne s'arrêtera qu'à son heure dernière, et après avoir passé le battant et transmis le flambeau.

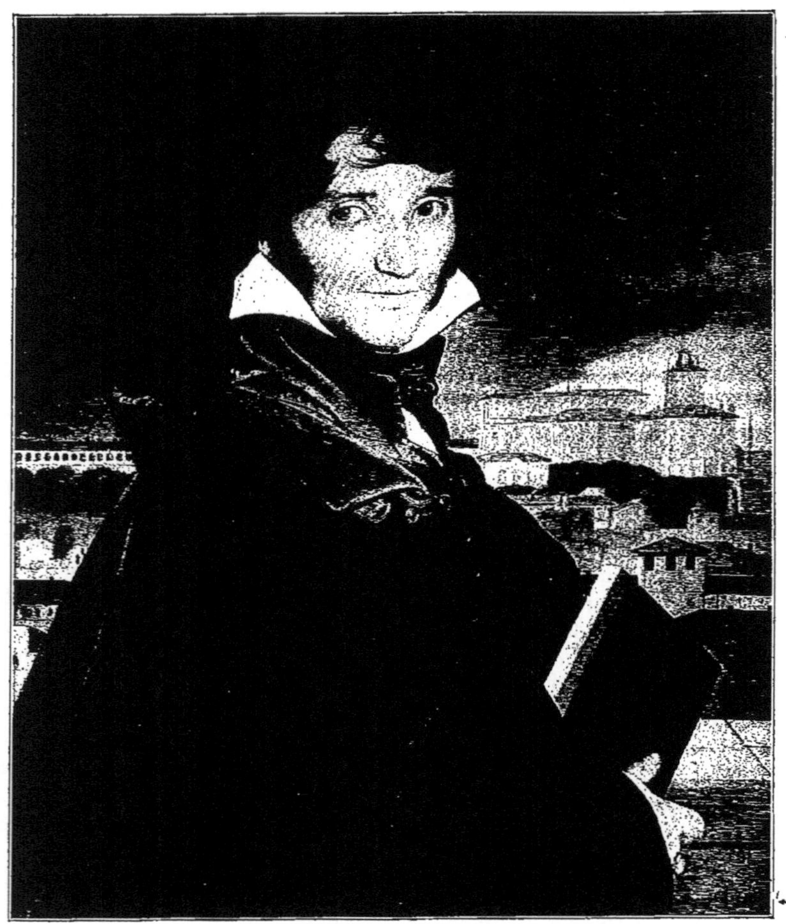

PORTRAIT DU PEINTRE GRANET (1807).
Peinture. — Musée d'Aix-en-Provence.

C'est pourquoi je me suis associé aux organisateurs de cette Exposition Ingres, M. Walter Berry, Président de la Chambre de

Commerce américaine de Paris, presque filialement attaché à notre pays, et le comte Étienne de Beaumont, fervents ingristes tous deux. Mon cher ami Albert Flament me disait en les amenant vers moi : « Prononcer le nom de Ingres sur votre seuil, c'est vous avoir avec soi. » Je me suis attaché à ne le point faire mentir. Venant vingt années après mon livre sur les dessins de Montauban, — celui-là même que je projetais dès 1887, — et dix années après l'Exposition Ingres, aux Galeries Georges Petit et la publication de mon livre : *Ingres, sa Vie et son Œuvre*, l'Exposition actuelle a pour moi quelque chose de fatidique : les destins l'ont ordonnée.

Et puis, il m'a paru que cette Exposition au profit des blessés de la face, vaillants qui se sont sacrifiés à la Patrie, arrivait à son heure. Nos jeunes artistes vont, hélas ! à la dérive, ne sachant au juste auquel entendre. Je vois bien qu'ils cherchent leur voie avec une entière bonne foi, mais personne n'est là pour la leur indiquer. On parle volontiers de reconstruction, d'ordre, de discipline. Et on croit entendre M. Ingres lui-même. Voilà Raphaël qui domine à nouveau, lui, dont Ingres disait : « Atteindre les pieds de Raphaël et les baiser. » Bissière et André Lhote, qui ont bien le droit de se prononcer au nom de leur génération, reprennent la formule. « N'étudiez le beau qu'à genoux », disait Ingres; on ne se prononce pas autrement aujourd'hui.

Il disait : « Vous tremblez devant la nature : tremblez, mais ne doutez pas. » Il disait aussi : « La louange pâle d'une belle chose est une offense. » On n'offense plus l'œuvre de Ingres désormais ni sa magnifique doctrine qui peut s'incrire dans quelques-unes des formules que lui inspira son génie : « Le dessin est la probité de l'art. » — « Qu'on ne passe pas un seul jour sans tracer une ligne, disait Apelle, il voulait dire par là, et je vous répète, moi : la ligne, c'est le dessin : c'est tout. » — « Il faut donner de la santé à la forme. » — « Dessinez purement, mais avec largeur. Pur et large : voilà le dessin, voilà l'art. » — « Dessinez longtemps avant de songer à peindre. Quand on construit sur un solide fondement, on dort tranquille. » — « Point de couleur trop ardente... Tombez plutôt dans le gris que dans l'ardent, si vous ne pouvez faire juste, si vous ne pouvez trouver le ton tout à fait juste. »

** **

Voilà ce qu'il faut encore offrir en exemple aux jeunes générations. La leçon de Ingres leur sera profitable si elles veulent se donner la

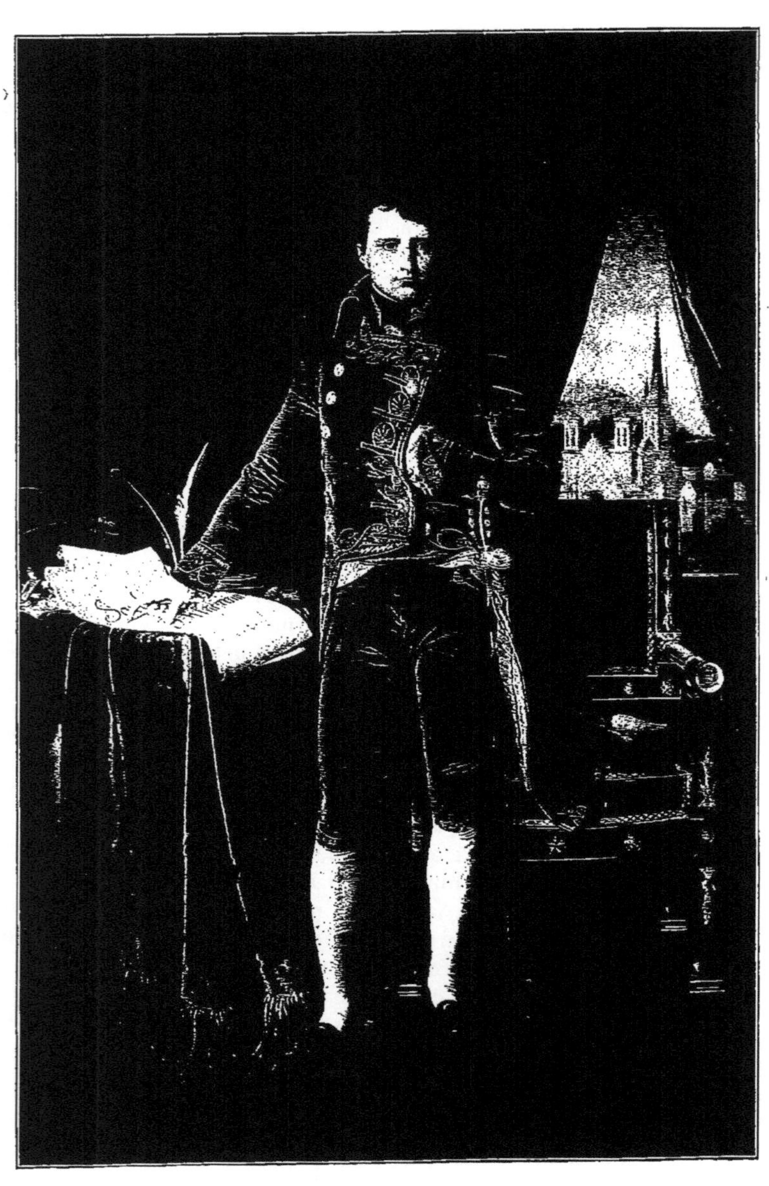

BONAPARTE, PREMIER CONSUL (1805).

Peinture. — Musée de Liège.

peine de la [saisir au vif. Ingres disait : « Sur la porte de mon atelier j'écrirai : *École de dessin,* et je ferai des peintres. » Qu'on médite

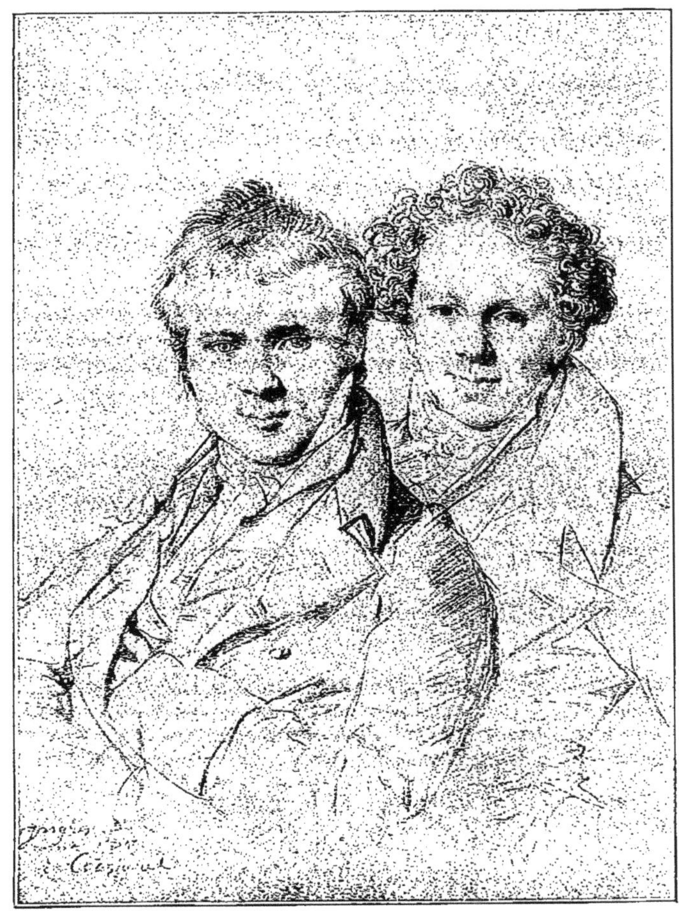

PORTRAIT DE M. LINCK ET DU BARON DE STACKELBERG.
Mine de plomb. — Collection Édouard Jonas.

là-dessus, car c'est en cela que se résume la sévère doctrine du vieux maître Montalbanais. C'est pour qu'on puisse méditer profondément, et en toute connaissance de cause, que cette Exposition Ingres

a lieu. La ville de Montauban y contribue avec une abondante géné-
rosité et aussi les grands Musées de Bruxelles, de Liége, d'Aix, l'Hôtel
des Invalides, des collections célèbres et des familles qui ont heureu-

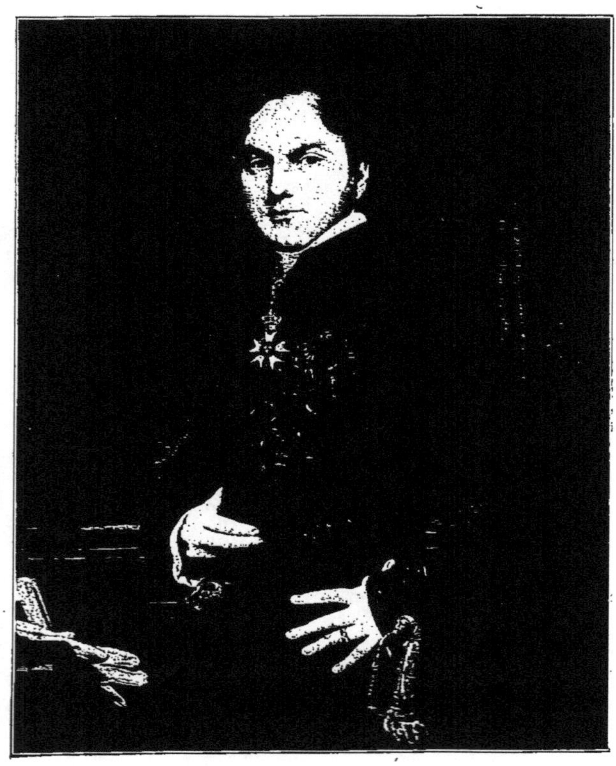

PORTRAIT DE M. LE MARQUIS DE PASTORET (1827).

Peinture. — Collection David-Weil.

sement conservé par devers elles les chefs-d'œuvre du maître ; il
n'y a pas toutes les grandes pages de 1911, mais il y en a qu'on n'avait
pu réunir alors.

Que soient remerciés ceux qui ont répondu si cordialement à
l'appel du Comité. Grâce à eux, une jeunesse ardente, — la géné-

ration de la guerre, — viendra prendre la leçon de Ingres, devant quelques-unes de ses peintures les plus fameuses et devant ses dessins d'une si formidable magie.

Ingres lutta, toute sa vie durant, contre la destinée ingrate. Je l'ai écrit un jour : le malentendu entre Ingres et son époque dura jusqu'à la fin. Certes, l'artiste connut les plus grands honneurs officiels. Il entra au Sénat. Il reçut la plaque de grand officier de la Légion d'honneur. Ses confrères le fêtèrent comme un ancêtre, et sa ville natale ceignit son front octogénaire d'une couronne de lauriers d'or. Néanmoins, Ingres ne fut jamais entièrement compris. Ce haut artiste qui, à son point de départ, écrivait la parole de tendresse admirative pour Raphaël, n'eut point, à beaucoup près, la destinée délicieuse de l'Urbanite, mais plutôt celle de son farouche rival Michel-Ange.

C'est le lot des novateurs de passer pour étrangers à leurs temps parce qu'ils annoncent les temps nouveaux. Ce fut celui de Ingres. Voici enfin le vieux maître Montalbanais dans la plénitude de son influence. Si la foule ne comprend pas encore l'œuvre austère du maître, l'élite, du moins, se dirige vers elle avec confiance, dans la sécurité qu'elle donne à qui sait en saisir le sens intime et la portée profonde. Les années, qui, plus sûrement que les hommes, mettent toutes choses à leur place, ont opéré la sélection sur laquelle Ingres comptait et qu'il ne redouta jamais pour lui-même, car il se connaissait bien. Le petit homme noir qui, à vingt-cinq ans, projetait de rénover l'art, — et qui ne craignait pas de l'écrire à ses amis, — apparaît désormais, sans conteste, comme le chef de l'École française et le fidèle dépositaire de ses traditions.

Je n'ai pas d'autre conclusion à apporter que celle-là, qui s'inscrit en tête du Catalogue de l'Exposition de 1911. Anciens et nouveaux, aînés et cadets, quelque diamétralement opposées que soient leurs tendances, se réconcilient, périodiquement, dans leur admiration pour l'Œuvre de Ingres. Puissent-ils s'entendre quelque jour pour la continuer en la renouvelant.

HENRY LAPAUZE.

Catalogue

—

TABLEAUX

PORTRAITS PEINTS — ÉTUDES PEINTES [1]

—

1 — Torse d'homme.

Prix du concours du torse à l'École des Beaux-Arts (1800).

Ecole des Beaux-Arts.

2 — Torse d'homme.

Prix du concours du torse à l'École des Beaux-Arts (1801).
Non signé.

Musée Ingres.

3 — Les Ambassadeurs d'Agamennon envoyés pour apaiser Achille le trouvent dans sa tente occupé avec Patrocle à chanter les exploits des Héros.

1er Grand prix de Rome (1801).

École des Beaux-Arts.

4 — Portrait de Ingres père.

Non signé.

Musée Ingres.

5 — Portrait de jeune homme.

Signé : *Moi, Ingres pinxit, 1804.*

Collection de M me René Lisle.

---

1. Le Catalogue a été dressé — autant qu'il était posible — dans l'ordre chronologique.

2

6 — Portrait de Ingres à 24 ans.

Collection de Mme Albert Ramel.

7 — Portrait de l'avocat Gilibert, ami du peintre.

Appartient à Mlle Suzanne Montet-Nognets, à Montauban.

8 — Portrait de M. Belvèze-Foulon, compatriote et ami du peintre.

Signé : *Ingres, 1805.*

Musée Ingres.

9 — Bonaparte, Premier Consul.

Signé : *Ingres, an XII.*

Appartient à la Ville de Liége.

10 — Napoléon Ier, Empereur.

Signé : *Ingres Pxit, 1806.*

Musée de l'Armée (Cabinet du général Malleterre).

11 — Portrait du sculpteur Lorenzo Bartolini (1806).

Appartient à la Ctesse F...

12 — Paysage de Rome.

Non signé.

Musée Ingres.

13 — Vue du Belvédère de la Villa Borghèse.

Non signé.

Musée Ingres.

14 — Portrait du peintre Granet (1807).

Signé : *J.-A. Ingres.*

Musée d'Aix-en-Provence.

15 — Vénus blessée par Diomède remonte au ciel.

Collection Paul Rosenberg.

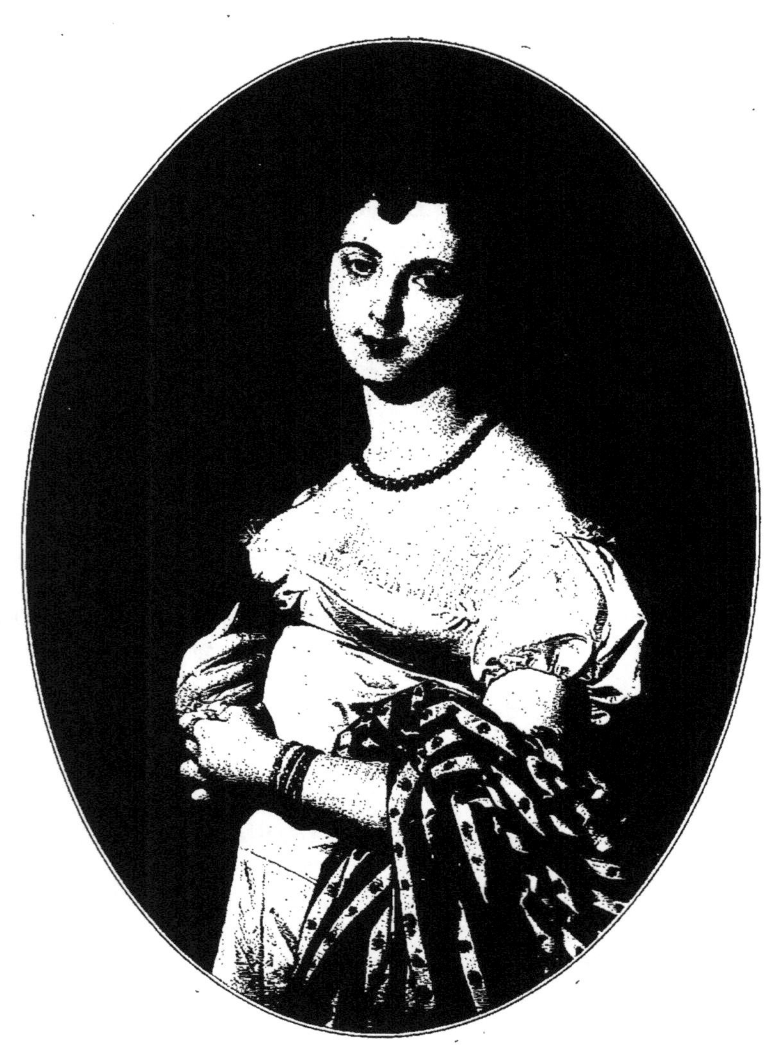

PORTRAIT DE Mme PANCKOUCKE, NÉE BOCHET (1811).
Peinture. — (Appartient à Mme Henri Panckoucke.)

16 — Portrait de **M. Devillers, directeur de l'enregistrement et des domaines.**

Signé : *Ingres, Rome 1811.*

Appartient à MM. J. et G. Bernheim Jeune.

17 — Portrait de **Mme Panckoucke, née Bochet.**

Signé : *Ingres, Rome.*

Appartient à Mme Henri Panckoucke.

18 — Portrait de **Mme la Vicomtesse de Tournon, née Seytres-Caumont, mère du Baron de Tournon, préfet de Rome.**

Signé : *Ingres, Rome 1812.*

Appartient à M. le Comte Jean de Chabannes-la-Palice.

19 — **La Chapelle Sixtine.**

Appartient à Mme Pougin de la Maisonneuve, née Marcotte.

20 — **Le Maréchal Duc de Berwick reçoit la Toison d'or, du Roi Philippe V d'Espagne, après la bataille d'Almanza.**

Signé : *Ingres Fat. an. 1818. Rom.*

Collection de Mme la Comtesse Robert de Fitz-James.

21 — **« Tu Marcellus Eris » (fragment).**

Musée de Bruxelles.

22 — **Femme nue couchée.**

Signé : *Ingres.*

Collection Charles Capéran.

23 — **Le Vœu de Louis XIII (Première pensée pour).**

Signé : *Ingres fecit 18..*
La toile est déchirée. Ce doit être 1820.

Musée Ingres.

24 — **L'Odalisque couchée.**

Grisaille.

Appartient à Mme Albert Ramel.

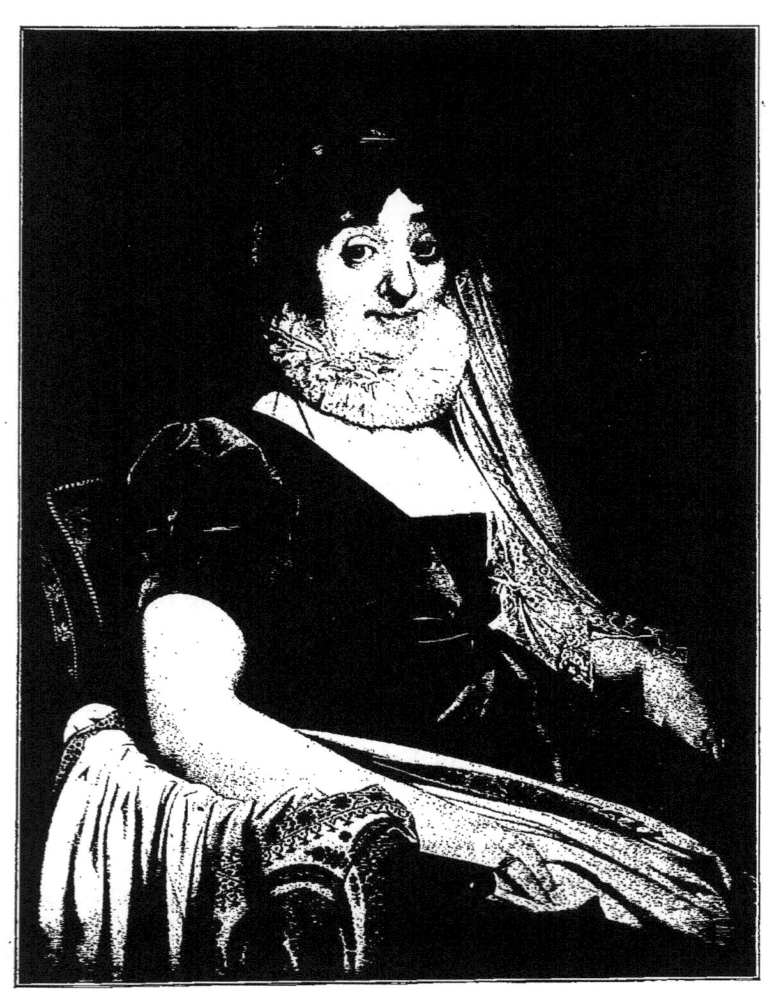

PORTRAIT DE Mme LA VICOMTESSE DE TOURNON,
MÈRE DU PRÉFET DE ROME (1812).

Peinture. — (Appartient à M. le Comte Jean de Chabannes-la-Palice.)

25 — Portrait du Marquis de Pastoret.

Collection David-Weill.

26 — Étude pour les mains du roi dans le « Vœu de Louis XIII ».

Non signée.

Musée Ingres.

27 — Études de pieds pour l'« Apothéose d'Homère ».

Collection David-Weill.

28 — Étude de bras pour l' « Apothéose d'Homère ».

Appartient à Mme René Lisle.

29 — Étude pour le bras gauche de Phidias (Apothéose d'Homère).

Non signée.

30 — Étude pour Homère (Apothéose d'Homère).

Non signée.

31 — Étude pour le poète Alcée (Apothéose d'Homère).

Signée : *Ingres.*

Musée Ingres.

32 — Saint Symphorien (Première idée, 1827).

Collection Paul Rosenberg.

33 — Étude pour le Centurion (Martyre de saint Symphorien).

Non signée.

Musée Ingres.

34 — Portrait du Comte Molé.

Signé : *J. Ingres pinxit, 1834.*

Appartient à M. le Marquis de Noailles.

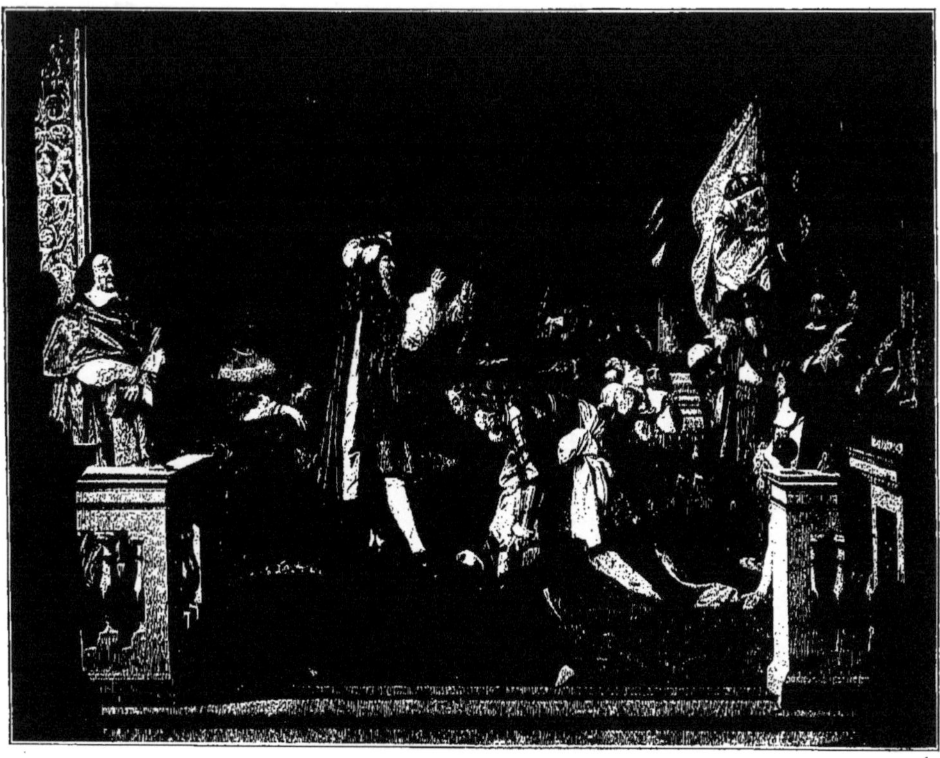

PHILIPPE V REMET LA TOISON D'OR AU MARÉCHAL DE BERWICK (1818).

Peinture. — Collection de M⁽ᵐᵉ⁾ la Comtesse de Fitz-James.

35 — Portrait de Mme la Comtesse d'Haussonville.
Esquisse abandonnée.
Non signée.
Collection de M. le Comte d'Haussonville.

36 — Portrait de Mme de Lauréal avec son fils.
Signé : *Ingres, 1840.*
Musée Ingres.

37 — Portrait de S. A. R. Mgr le Duc d'Orléans.
Collection de Mgr le Duc d'Orléans.

38 — Roger délivrant Angélique.
Signé : *Ingres, 1841.*
Musée Ingres.

39 — L'Odalisque à l'Esclave.
Signé : *Ingres, 1842.*
Collection de Sir Philip Sassoon.

40 — Portrait de Mme Frédéric Reiset.
Signé : *J. Ingres pinxit. Enghien, 1846.*
Collection de M. le Comte de Ségur-Lamoignon.

41 — La Vierge à l'Hostie.
Collection de M. le Comte Louis de Boisgelin.

42 — La Naissance des Muses.
Aquarelle originale. (Salon de 1859.)
Signé : *J. Ingres, 1856.*
(Ancienne collection du Prince Napoléon.)
Collection Henry Lapauze.

43 — Étude pour le « Bain turc ».
Non signée.
Musée Ingres.

44 — Portrait de Mme Moitessier, née de Foucault.
Signé : *J.-A.-D. Ingres, Pxit. AN° 1851.*
Appartient à Mme la Vicomtesse Olivier de Bondy.

45 — Portrait de Mme Moitessier, née de Foucault.

Signé : *J. Ingres, 1856. Œt. LXXVI.*

Appartient à M. le Comte Jean de Bondy

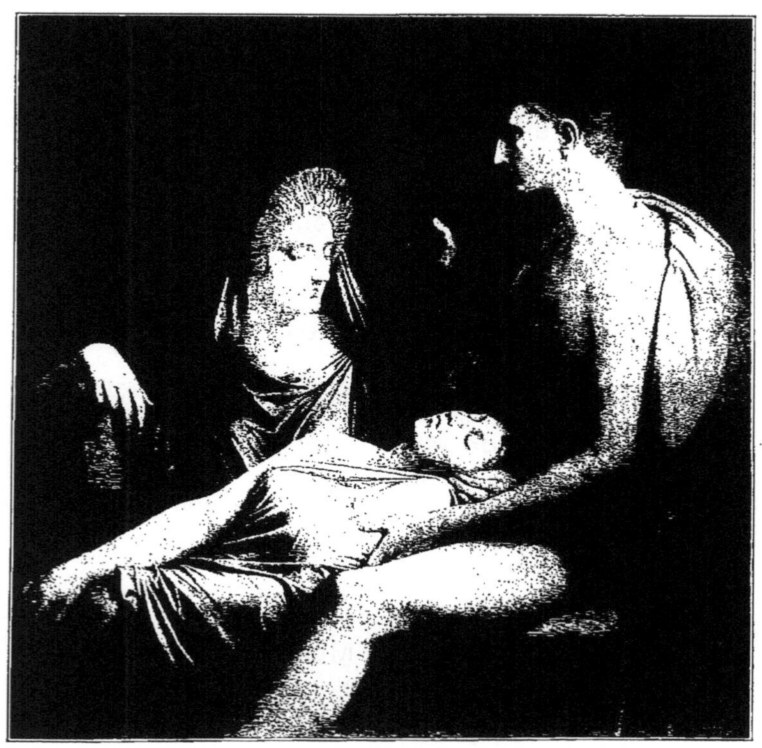

VIRGILE LISANT L' « ÉNÉIDE » DEVANT AUGUSTE, OU « TU MARCELLUS ERIS »
(FRAGMENT. 1819).
Peinture. — Musée de Bruxelles.

46 — Étude de bras pour « Homère et son guide ».

Signée : *Ingres.*

Musée Ingres.

47 — Portrait de Mme Ingres, née Delphine Ramel, seconde femme du peintre.

Signé : *J. Ingres P^{xit}, œtatis LXXIX.*

Collection de Mme Albert Ramel.

48 — Roger délivrant Angélique.

Signé : *J. Ingres, 1859.*

Collection de M. Carlos Gonzalès de Candamo.

49 — L'Age d'or.

Signé : *J. Ingres pin^t 1862 œtatis LXXXII.*

Collection de Mme Albert Ramel.

5o — Jeanne d'Arc (étude).

Appartient à M. Jean Gruyer et Mlle Gruyer.

5i — Portrait de Ingres.

Signé : *J. Ingres pinxit MDCCCLXII, ætatis LXXXII.*

Collection de Mme Albert Ramel.

52 — Jésus au milieu des Docteurs.

Fragment exécuté dans les derniers jours de l'année 1866.
Non signé.

Musée Ingres.

PORTRAITS DESSINÉS

---

53 — Portrait de Jean Moulet, perruquier de la Cour des Aides, grand-père de Ingres.

Copie à la sanguine d'une sanguine de Ingres père.
De la main de Ingres père : *Fait par Ingres fils, âgé de onze ans, le 15 octobre 1791.*

Musée Ingres.

54 — Portrait d'homme.

Étude à la sanguine exécutée dans l'atelier de Joseph Roques, à Toulouse.
Signé : *Ingres fils.*

Appartient à M. Émile Henriot.

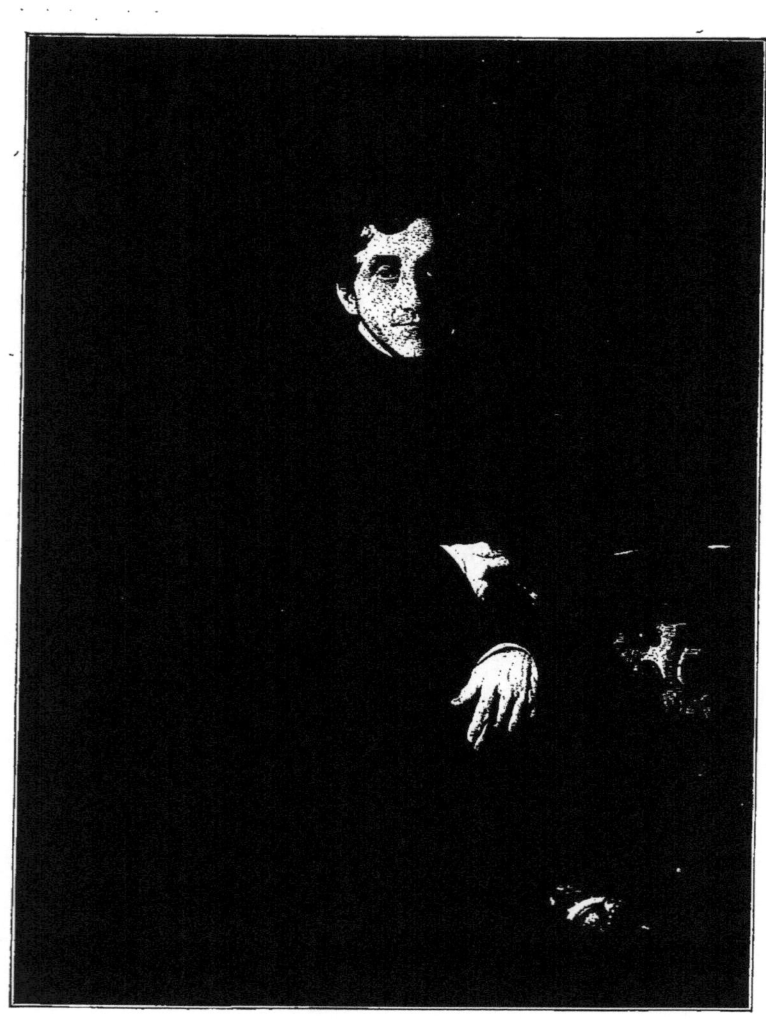

PORTRAIT DU COMTE MOLÉ (1834).
Peinture. — (Appartient à M. le Marquis de Noailles.)

55 — La Famille de Ingres.

Ces quatre·dessins sont de l'époque où Ingrès se disposait à partir pour Paris (1797).

A droite et à gauche, les sœurs de Ingres. Dans le médaillon supérieur : Ingres père. Dans le médaillon inférieur : profils de Mme Ingres mère et de ses filles.

Musée Ingres.

56 — Portrait de Simon fils.

Dessin à la pierre noire.
Signé : *Ingres, an XI.*

Musée d'Orléans.

57 — Portrait d'homme.

Signé : *Ingres fils.*

Collection Léon Bonnat.

58 — Portrait de Suvée, directeur de l'Académie de France à Rome.

Signé : *J. Ingres Roma.*

Collection Léon Bonnat.

59 — La Famille Forestier.

Répétition du dessin du musée du Louvre et de la collection Degas.
Non signé.

Collection Henry Lapauze.

60 — Portrait de Simon père.

Signé : *Dessiné par son ami Ingres avant son départ pour Rome, 1806.*

Musée d'Orléans.

61 — Portrait de M. Marcotte.

Signé : *Ingres, Rome, 1811.*

Musée Ingres.

62 — Portrait de M. Marcotte.

Appartient à Mme Pougin de la Maisonneuve.

63 — Portrait du Comte Auguste de Forbin.

Signé : *Ingres, Roma 1812.*

Collection de Mme la Comtesse de Dortan.

PORTRAIT DE MGR LE DUC D'ORLÉANS (1842).

Peinture. — [Appartient à Mgr le Duc d'Orléans.]

64 — **Portrait de Guillon-Lethière, directeur de l'Académie de France à Rome.**

Signé : *Ingres, Rome.* — *Mme Ingres à Mlle Lescot.*

Collection Adrien Fauchier-Magnan.

65 — **Portrait de Guillon-Lethière, directeur de l'Académie de France à Rome.**
Non signé.

Collection de M. Georges Viollet-le-Duc.

66 — **La Fille et la petite-fille de Guillon-Lethière.**

Collection Wildenstein.

67 — **Portrait de Provost, architecte.**

Signé : *Ingres, Rome, 1813.*

Collection Paul Mathey.

68 — **Portrait de Mme Madeleine Ingres, née Chapelle.**
Dessin rehaussé de gouache et de lavis.
Non signé.

Musée Ingres.

69 — **Portrait de Mme Nicaise Lacroix.**

Signé : *Ingres, à Rome, 1813.*

Collection Charles Capéran.

70 — **Portrait d'Alais, architecte, secrétaire de l'Académie de France à Rome.**

Signé : *Ingres, Rome, 1814.*

Collection Jean-Gabriel Domergue.

71 — **Portrait de Mme Suzanne Hayard mère, née Suzanne Alliau.**

Collection de M. Georges Bernheim.

72 — **Portrait de Mme Pierre Chauvin, née Albertine Hayard.**

Collection de M. Georges Bernheim.

73 — **Portrait de la Reine Caroline Murat.**

Signé : *Ingres.*

Collection de S. A. le Prince Murat.

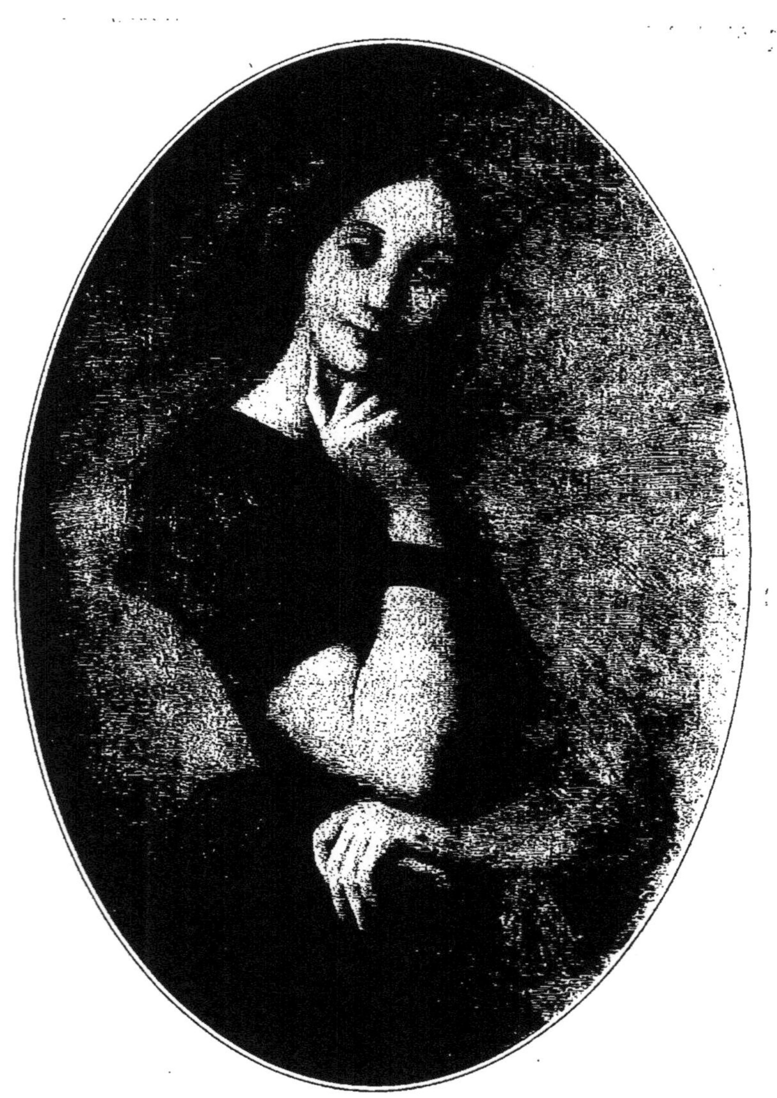

PREMIÈRE ESQUISSE (ABANDONNÉE)
POUR LE PORTRAIT DE Mme LA COMTESSE D'HAUSSONVILLE, NÉE BROGLIE.
(Appartient à M. le Comte d'Haussonville.)

74 — Portrait du Prince Achille Murat.

Signé : *Dessiné d'après nature par moi, à Naples, Ingres, 1814.*

Collection de S. A. le Prince Murat.

75 — Portrait du Prince Lucien Murat.

Signé : *Dessiné d'après nature par moi, à Naples, Ingres, 1814.*

Collection de S. A. le Prince Murat.

76 — Portrait de Mme Ingres mère, née Anne Moulet.

Non signé.

Musée Ingres.

77 — Petite Fille à la poupée.

Collection de M. Édouard Jonas.

78 — Portrait de Mme Madeleine Ingres, née Chapelle.

Signé : *Ingres à sa bonne sœur.*

Collection de Mme Hippolyte Adam.

79 — Portrait de Mme Madeleine Ingres, née Chapelle.

École des Beaux-Arts.

80 — Portraits de M. Linck et du Baron de Stackelberg.

Signé : *Ingres, del Rome, 1817, à Cocquerel.*

Collection de M. Édouard Jonas.

81 — Portrait d'Alexandre Boyer.

Signé : *Ingres, del Rome, 1816.*

Collection du Docteur Lucien-Graux.

82 — Portraits de Lord et de Lady Cavendish-Benting.

Signé : *Ingres, Del., à Rome, 1816.*

Collection Léon Bonnat.

83 — Portrait de Lady Cavendish-Benting.

Collection Ernest Cognacq.

84 — Portrait de femme.

Signé : *Ingres, Rome, 1816.*

Collection de Mme la Marquise de Ganay, née Ridgway.

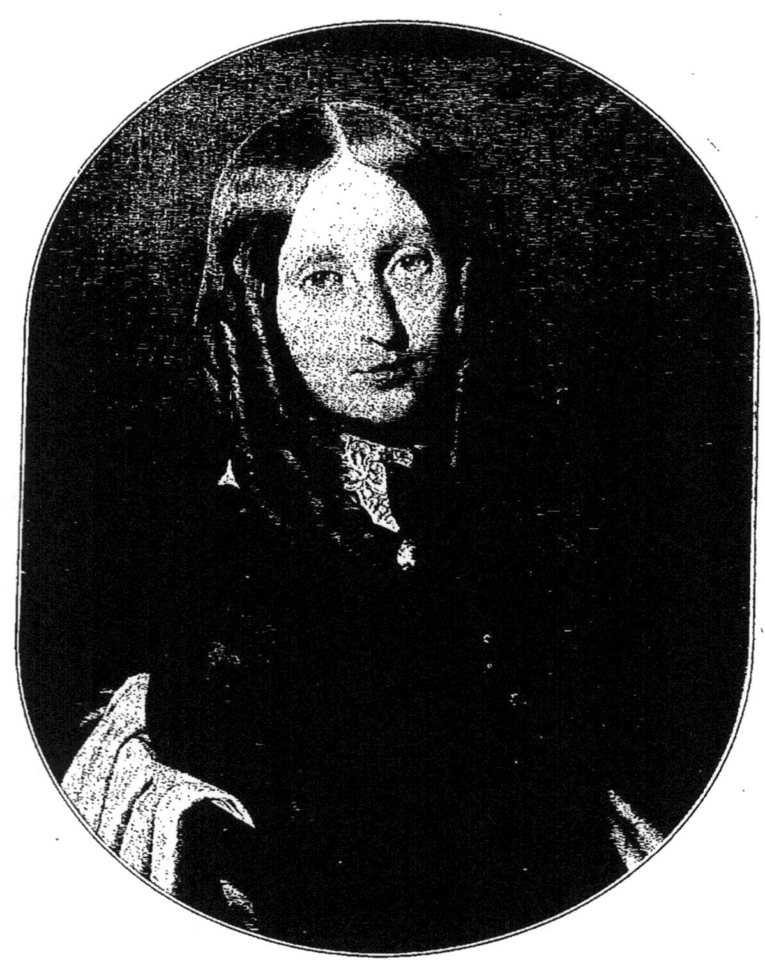

PORTRAIT DE Mme FRÉDÉRIC REISET (1846).

Peinture. — Appartient à M. le Comte de Ségur-Lamoignon.

85 — Portrait de Mgr de Pressigny, Ambassadeur de France à Rome.

Signé : *J. Ingres, Del. à Rome, 1816.*

Collection de Mme Georges Cocteau.

86 — Portrait du Docteur Espiaud.

Signé : *Ingres, Rome, 1816.*

Collection de M. Paul Bayard.

87 — Portrait présumé de Picot, peintre, pensionnaire de l'Académie de France à Rome.

Signé : *Ingres, Rome, 1817.*

Collection Paul Mathey.

88 — Portrait du Comte Dulong de Rosnay, Lieutenant-général.

Signé : *Ingres, deli. Rome, 1818.*

Appartient à M. le Comte Dulong de Rosnay.

89 — Portrait de Jean Alaux, peintre, pensionnaire de l'Académie de France à Rome.

Signé : *Ingres, 1818, Rome.*

Collection E. Rouart.

90 — Portrait de Chenavard, architecte.

Non signé. Daté : *à Rome, 1818.*

Musée Ingres.

91 — Portrait de Mme la Baronne de Popenheim.

Signé : *Ingres, fecit Rome, 1818.*

Collection Léon Bonnat.

92 — Portrait du graveur en médailles Vatinelle.

Signé : *Ingres, Rome, 1820.*

Collection Paul Rosenberg.

93 — Portrait de Mme Leblanc.

École des Beaux-Arts.

94 — Portrait de M. Leblanc.

Signé : *Ingres, Del. à Monsieur Leblanc. Flor., 1823.*

Collection Léon Bonnat.

95 — Le Fils de M. Leblanc.

Signé : *Ingres, del. à Monsieur Leblanc. Flor. 9 mars 1823.*

Collection de Mme la Princesse de Polignac.

96 — Portrait de Mgr de Latil et études diverses.
Non signé.

Musée Ingres.

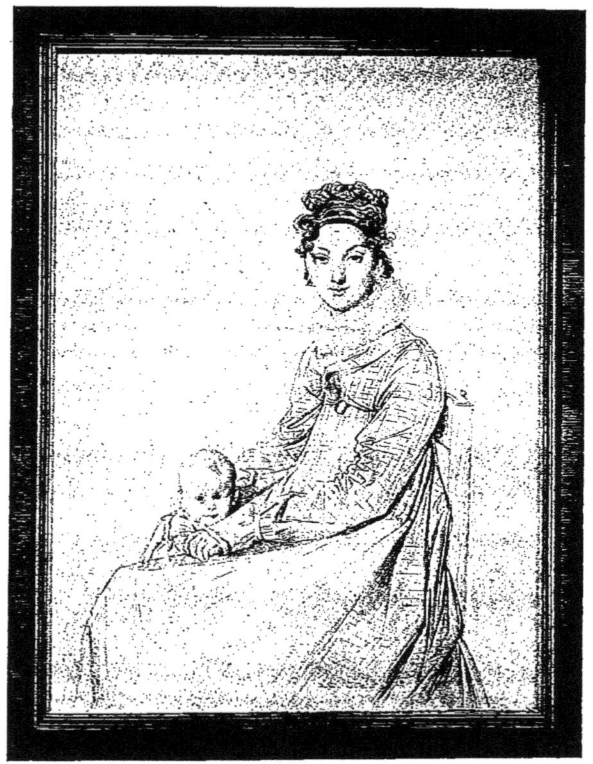

LA FILLE ET LA PETITE-FILLE DU PEINTRE GUILLON-LETHIÈRE
(VERS 1815).
Mine de plomb. — Collection Wildenstein.

97 — Portrait d'une parente de Ingres.
Signé : *Ingres, 1826.*

Musée Ingres.

98 — Portrait du Comte de Marcellus.
Signé : *Ingres.*

Collection de Mme la Comtesse de Dortan.

99 — **Portrait de la Comtesse de Marcellus, née Forbin.**

Signé : *Ingres*.

Collection de Mme la Comtesse de Dortan.

100 — **Portrait de Sophie Dubreuil, sœur de Madeleine Ingres.**

Signé : *Sophie Dubreuil notre sœur. Ingres del. 1828.*

Musée Ingres.

101 — **Portrait de Mme Balze, née Samat.**

Signé : *Ingres à son ami Monsieur Balze, 1828.*

Appartient à Mme Jean de Jeuilhes.

102 — **Portrait de Jean-Pierre-François Gilibert, avocat.**

Signé : *Ingres dessina son ami Gilibert, 1829.*

Musée Ingres.

103 — **Portrait de Mme Victor Baltard et de sa fille.**

Signé : *Ingres, Del Rom., 1836.*

Appartient à M. Duval-Arnould.

104 — **Portrait de l'architecte Victor Baltard.**

Signé : *Ingres, Del Rom., 1837.*

Appartient à M. Duval-Arnould.

105 — **Portrait du Chevalier Drach.**

Signé : *Ingres à son respectable et savant ami, Monsieur le Ch^{er} Drach.*

Collection Léon Bonnat.

106 — **Portrait de Mme Alexandre Desgoffe.**

Première étude pour la *Muse*, du portrait de Cherubini.
Non signé.

Collection de Mme Paul Flandrin, née Desgoffe.

107 — **Portrait de Mlle Pauline Gilibert.**

Non signé.

Musée Ingres.

108 — Portrait de Cordelia Greffulhe, épouse du Maréchal de Castellane.

Signé : *Ingres, 1836.*

Appartient à M. le Comte Stanislas de Castellane.

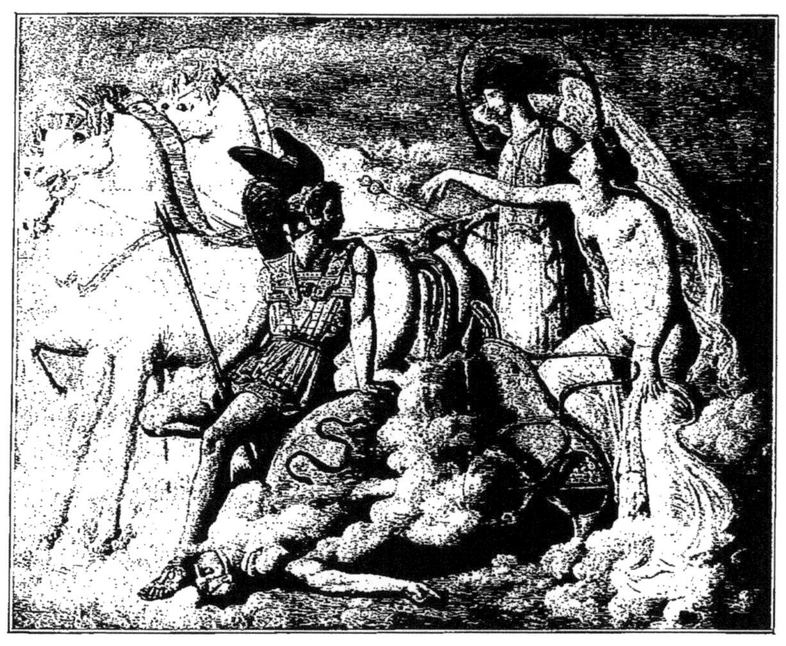

VÉNUS BLESSÉE.
Peinture. — Collection Paul M. Rosenberg.

109 — Portrait de Mme Reiset avec sa fille, depuis Comtesse de Ségur-Lamoignon.

Signé : *Ingres del. à Monsieur Reiset, 1844.*

Collection de Mme la Vicomtesse Amelot, née Ségur-Lamoignon.

110 — Portrait de M. Frédéric Reiset.

Signé : *J. Ingres del. à Madame Reiset, Enghien, 1844.*

Collection de M. le Comte de Ségur-Lamoignon.

111 — Portrait de Mme Frédéric Reiset.

Signé : *J. Ingres del. à Monsieur Reiset, Enghien, 1844.*

Collection de M. le Comte de Ségur-Lamoignon.

112 — Portrait du Commandant Reiset.

Signé : *Ingres del. à Madame Reiset, Enghien, 1844.*

Collection de M. le Comte de Ségur-Lamoignon.

113 — Portrait de M. Hennet.

Signé : *Ingres à sa très excellente amie Madame Hennet, Paris, 1846.*

Collection de Mme E. de Tanquerel de la Panissais.

114 — Portrait de Mme Legentil, née Marcotte.

Signé : *Ingres del. à Madame Marcotte, au Poncelet, 3 août 1846.*

Appartient à Mme Pougin de la Maisonneuve.

115 — Portrait de M. Legentil.

Signé : *Ingres del. à Madame Marcotte, au Poncelet, 29 avril 1846.*

Appartient à Mme Pougin de la Maisonneuve.

116 — Portrait de Mlle A. Desgoffe.

Signé : *Ingres del. à Madame Desgoffe, 1847.*

Collection de Mme Paul Flandrin, née Desgoffe.

117 — Portrait de la Comtesse d'Agoult et de sa fille.

Signé : *J. Ingres d., 1849.*

Appartient au Marquis de Charnacé.

118 — Portrait d'Ingres.

École des Beaux-Arts.

119 — Portrait de Mme Viollet-le-Duc.

Signé : *Ingres del. à Monsieur Eug. Viollet-le-Duc.*

Collection de M. Georges Viollet-le-Duc.

120 — La Famille Gatteaux.

Signé : *A son excellent ami Gatteaux. J. Ingres, 1850.*
Gravures assemblées, puis complétées à la mine de plomb.

Collection de M. Henri Brame.

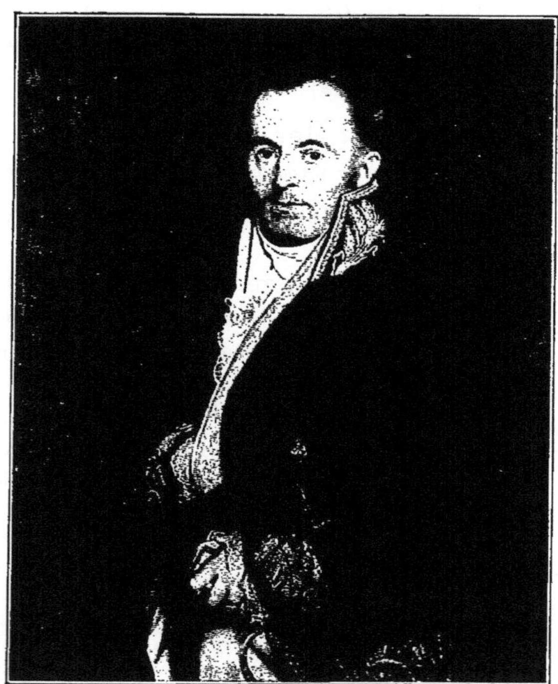

PORTRAIT DE M. DEVILLERS (1811).
Peinture — (Appartient à MM. J. et G. Bernheim Jeune.)

121 — La Famille Gatteaux.

Entièrement à la mine de plomb.
Non signé.

Musée Ingres.

122 — Portrait de M. Kenjon.

Appartient à M. Jean Gruyer et à Mlle Gruyer.

123 — Portrait de Mme Albert Magimel.

Signé : *Ingres à son excellent ami M. Magimel, 1850.*

Collection de Mme Magimel.

124 — Portrait de M. Albert Magimel.

Signé : *A son excellente amie Madame Magimel, Ingres l'a offert en 1850.*

Collection de Mme Magimel.

125 — La Famille Guille.

Signé : *1852. A son cher beau-frère Monsieur Guille, Ingres del.*

Collection Léon Bonnat.

126 — Portrait d'Étienne Delécluze, peintre et homme de lettres.

Signé : *Son ami et condisciple Del^{ut}. J. Ingres, 1856.*

Appartient à M. Georges Vaudoyer.

127 — Le Cardinal Bibiena.

D'après Raphaël.

Signé : *Ingres, del.*

Musée Ingres.

128 — *Cadre contenant :*

a) **Portrait de Mme de Lauréal.**

Signé : *Ingres, Me Adèle de Lauréal, ma cousine.*

b) **Portrait de Miss Bedford.**

Signé : *Ingres.*

c) **Portrait de femme vue de dos.**

Signé : *Ingres.*

d) **Portrait de Louis Lazzerini.**

Non signé.

e) **Portrait de femme assise.**

Signé : *I.*

f) **Étude de femme nue assise.**

Signé : *I.*

g) **Étude de trois hommes nus.**

Non signée.

Musée Ingres.

129 — *Cadre contenant :*

a) **Portrait de Percier.**
Signé : *Ingres, d'après un dessin de Gérard.*

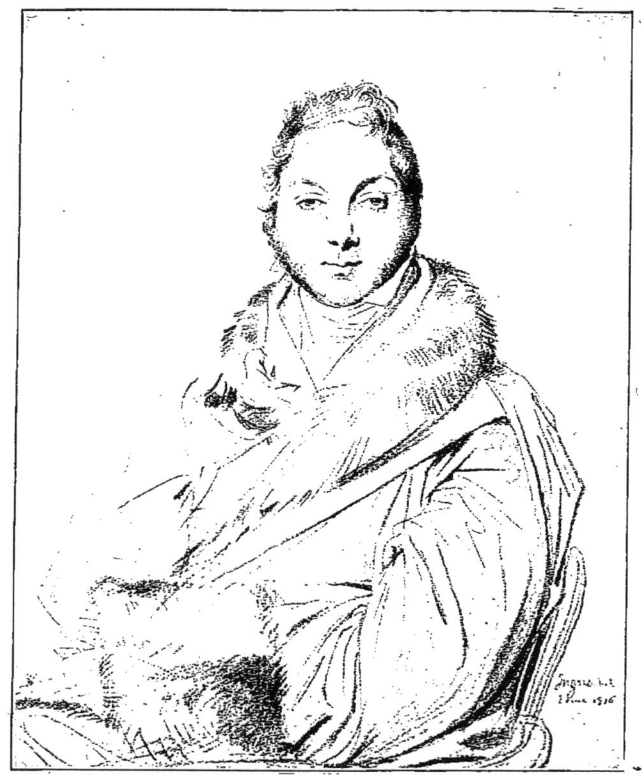

PORTRAIT DE M. ALEXANDRE BOYER, 1777-1855 (1816).
Mine de plomb. — Collection du Dr Lucien Graux.

b) **Portrait de M. Gatteaux.**
Non signé.

c) **Portrait de Mlle Gardanne.**
Non signé.
Trois études diverses.

Musée Ingres.

Etudes pour les Portraits peints et les Tableaux

i3o — Portrait de Mme Récamier.
Étude pour le portrait de David auquel Ingres travailla.
Non signée.

i3i — Hector et Andromaque.
Dessin à la mine de plomb.

École des Beaux-Arts.

i32 — La Famille du Roi Murat.
Neuf études pour le Roi et la Reine Caroline Murat, seuls ou en groupe, en costume d'apparat.
Quatre des études sont signées : *Ing*.

i33 — Portrait de Mme de Senonnes.
Six études, dont deux signées : *Ing*.

i34 — *Cadre contenant :*

a) **Une étude pour le prince Achille Murat.**

b) **Une étude pour le portrait de Mme Devauçay.**
Non signées.

i35 — Étude de nu pour Raphaël peignant.

École des Beaux-Arts.

i36 — Tête de jeune garçon ; étude pour le tableau « Homère et son guide ».
Au revers, inscription sur le châssis : *à Mme Delphine Ingres.*

Collection de M. Paul Jamot.

i37 — Portrait de Mme Leblanc.
Étude au crayon noir et estompe.
Non signée.

i38 — Portrait de Mme Leblanc.
Sept études, dont six sont signées : *Ing*.

i39 — Portrait du Marquis de Pastoret.
Étude au crayon noir.
Signée : *Ing*.

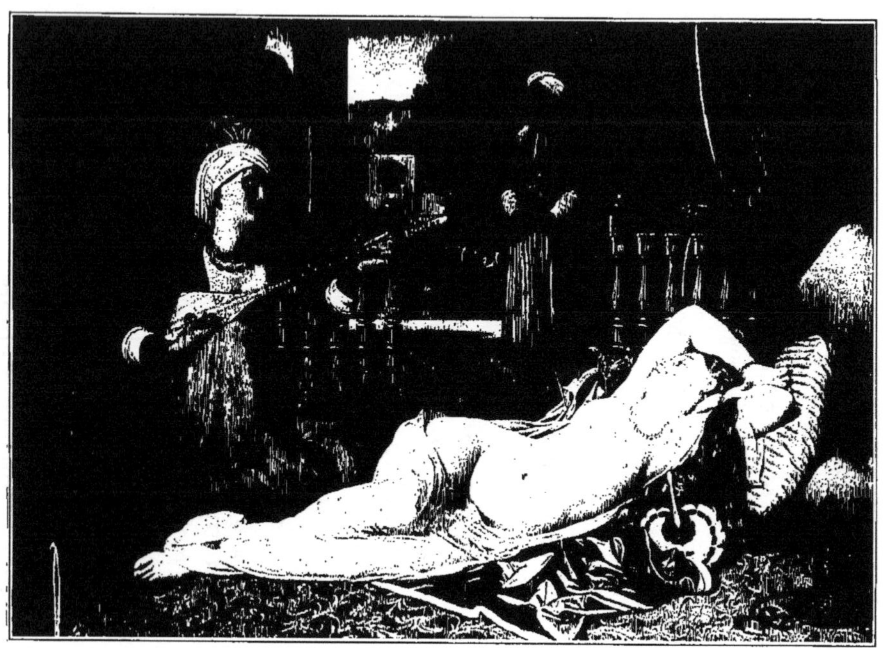

L'ODALISQUE A L'ESCLAVE (1842).

Peinture. — Collection de Sir Philippe Sassonn.

140 — Portrait de M. Bertin aîné.
Signé : *Ing.*

141 — Portrait de Cherubini.
Cinq études, dont trois sont signées : *Ing.*
Annotations manuscrites.

142 — Portrait de Charles X.
Non signé.

143 — Portrait du Duc d'Orléans.
Crayon noir et estompe.
Non signé.

144 — Portrait de Mme la Baronne James de Rothschild.
Étude pour la robe.
Crayon noir rehaussé de blanc.
Signé : *Ing.*

145 — Portrait de Mme Moitessier.
Trois études, dont une signée : *Ing.*

146 — Étude de bras pour le portrait de Mme Moitessier.
Non signée.

147 — Cinq études pour le portrait de la Comtesse d'Haussonville.
Non signées.

148 — Étude des bras pour le portrait de la Comtesse d'Haussonville.
Non signée.

149 — Portrait de Granet.
Signé : *Ingres, pinxit, Rome, 1819.*

150 — *Cadre contenant :*
a) **Portrait de M. Cavé.**
Signé : *Ing.*

b) **Étude pour une Odalisque.**
Signée : *Ing.*

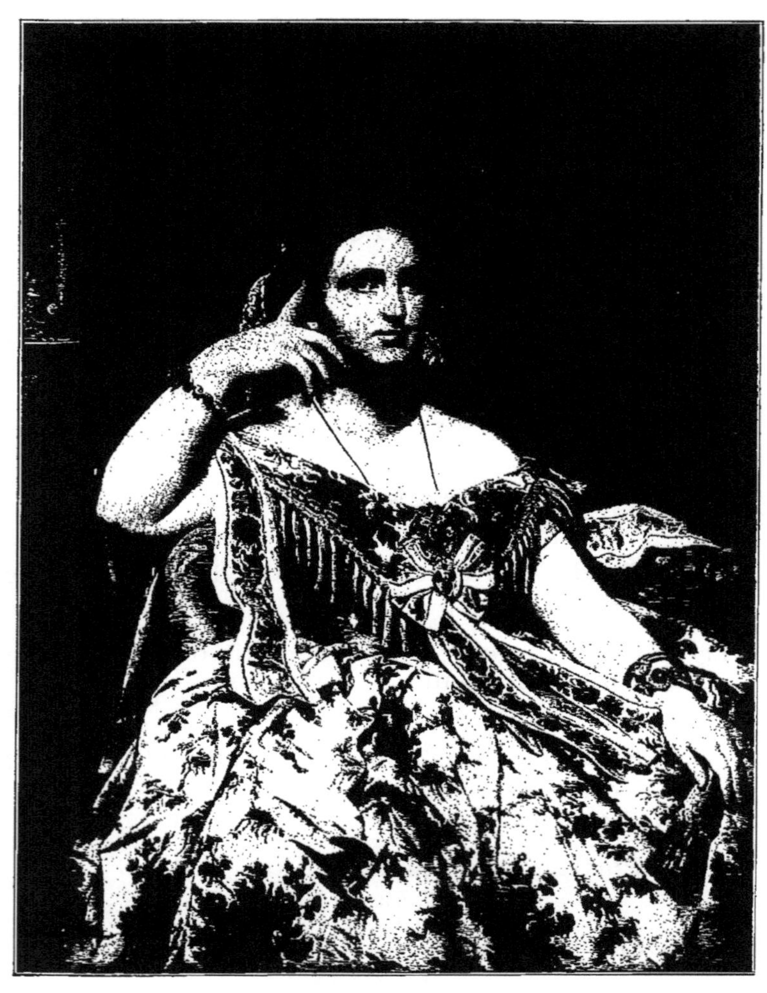

SECOND PORTRAIT DE Mme MOITESSIER, NÉE DE FOUCAULT (1850).
Peinture. — (Appartient à Mme la Vicomtesse Olivier de Bondy.)

4*

c) Étude pour le portrait de la Baronne James de Rothschild.

Signée : *Ing.*

d) Étude de tête.

Non signée.

Musée Ingres.

151 — Ingres peignant « Romulus vainqueur d'Acron », à la Trinité-des-Monts, à Rome.

Dessin à la mine de plomb rehaussé d'aquarelle.
Non signé.

Collection Léon Bonnat.

152 — « Tu Marcellus Eris ».

Appartient à Mme Pougin de la Maisonneuve.

153 — « Tu Marcellus Eris ».

Collection de Mme René Lisle.

154 — Étude pour une figure de l' « Apothéose » d'Homère.

École des Beaux-Arts.

155 — Couronnement d'un prince par Urbain VIII, dans la chapelle du Quirinal.

Signé : *Ingres.*

Appartient à Mme Jean de Jeuilhes.

156 — Étude pour le « Vœu de Louis XIII ». (L'Enfant Jésus).

Collection Léon Bonnat.

157 — Étude d'après le modèle pour la figure de « l'Iliade », dans le plafond d'Homère.

Collection de M. Jean Guiffrey.

158 — Étude pour le « Martyre de saint Symphorien ».

Collection Maurice Denis.

159 — Étude pour le « Martyre de saint Symphorien ».

Collection Léon Bonnat.

160 — La Chapelle Borghèse.

Appartient à Mme Pougin de la Maisonneuve.

161 — **L'Ambassadeur d'Espagne baisant l'épée d'Henri IV.**

Appartient à Mme Albert Magimel.

162 — **Étude de femme nue.**

Collection de Mme René Lisle.

163 — **Étude pour le « Roi Midas ».**

Collection de Mme René Lisle.

164 — **Étude.**

Collection de Mme René Lisle.

165 — **Vénus Anadyomène.**
Deux cadres.
Crayon noir rehaussé de blanc.
Non signée.

166 — **Virgile lisant l'Énéide.**
Esquisse, crayon noir et estompe.
Signée : *Ingres*.

167 — **Entrée de Charles V à Paris.**
Non signée.

168 — **La Naissance des Muses.**
Étude d'ensemble.
Non signée.

169 — **La Naissance des Muses.**
Étude d'ensemble.
Non signée.

170 — **Le Bain turc.**
Six études.
Non signées.

171 — **Le Bain turc.**
Deux études.
Non signées.

172 — **Le Bain turc.**
Deux études.
Non signées.

173 — Napoléon au pont de Kehl.

Crayon et plume.
Signée : *Ingres*.

174 — Baigneuse assise, vue de dos.

Six études et cinq études diverses.
Une étude signée : *Ing*.

175 — Le Vœu de Louis XIII.

Étude des anges qui soulèvent les draperies.
Non signée.

176 — Le Vœu de Louis XIII.

Étude des mains et des pieds de la Vierge.
Signée : *Ingres*.

177 — La Chapelle Sixtine.

Deux études.
Signées : *Ing*.

178 — La Chapelle Sixtine.

Étude pour le portrait du cardinal Consalvi.
Non signée.

179 — L'Apothéose d'Homère.

Trois études pour *l'Odyssée*.
Non signées.

180 — Saint Symphorien.

Étude de femme tenant un enfant dans ses bras.
Non signée.

181 — Saint Symphorien.

Deux études d'homme.
Signées : *Ing*.
Une étude de femme.
Signée : *Ing*.
Une étude de bras.
Non signée.

182 — L'Age d'Or.

Étude d'ensemble.
Mine de plomb.
Non signée.

183 — L'Age d'Or.

Étude d'ensemble, à la plume. De la main de Ingres : *Composition milieu. Études de groupes au crayon.*
Non signée.

184 — L'Age d'Or.

Trois études d'ensemble, à la plume. Notes manuscrites.
Non signées.

185 — L'Age d'Or.

Croquis au crayon et à la plume. Nombreuses notes manuscrites.
Non signée.

186 — L'Age d'Or.

Étude de femme.
Non signée.

187 — L'Age d'Or.

Étude d'homme.
Non signée.

188 — L'Age d'Or.

Étude de femme.
Non signée.

189 — L'Age d'Or.

Étude de femme.
Non signée.

190 — L'Age d'Or.

Une étude d'enfant.
Non signée.

Une étude de têtes.
Non signée.

191 — L'Age d'Or.

Étude de femme qui danse.
Non signée.

192 — L'Age d'Or.

Étude de femme.
Signée : *Ing.*

193 — L'Age d'Or.

Étude de femme assise.
Non signée.

Étude de têtes.
Non signée.

194 — Stratonice.

Étude de bras pour Seleucus.
Non signée.

195 — Stratonice.

Étude d'ensemble.
Non signée.

196 — Stratonice.

Cinq études pour Antiochus.
Non signées.

197 — Stratonice.

Trois études pour le médecin Erasistrate.
Dont une signée : *Ing.*

198 — Stratonice.

Quatre études de nu pour Stratonice.
Dont une signée : *Ing.*

199 — Stratonice.

Études de bras pour Seleucus et une étude de nu pour Antiochus.
Signées : *Ing.*

200 — Stratonice.

Trois études pour Stratonice.
Dont une signée : *Ing.*

Une étude pour l'ami d'Antiochus.
Signée : *Ing.*

201 — Stratonice.

Études de tête et de bras pour Seleucus.
Signées : *Ing.*

202 — Stratonice.

Étude de draperies pour Seleucus.
Signée : *Ing.*

2o3 — Stratonice.

Étude de draperies, étude de tête pour Seleucus, étude pour Antiochus, étude pour les pieds de Seleucus.
Signées : *Ing*.

Musée Ingres.

204 — Étude pour l'Iliade nue.

Collection Marcel Guérin.

2o5 — Étude pour l'Iliade drapée.

Collection Marcel Guérin.

DESSINS DIVERS

2o6 — Lady Bedford.

Étude pour un projet de tombeau.
Signé : *Ingres*.

2o7 — Quatre études de femmes couchées.

Trois de ces dessins sont signés : *Ing*.

2o8 — Étude d'enfant.

École des Beaux-Arts.

2o9 — Tête de chien accroupi.

Crayon noir et estompe.
Non signé.

2 1o — Intérieur d'Église à Rome.

Aquarelle.

École des Beaux-Arts.

2 1 1 — Vue de Tivoli.

Dessin rehaussé de sépia.
Signé : *Ingres del., vue de Tivoli*.

2 1 2 — La Maison de Raphaël, à Urbino.

Signé : *Ingres del., sur le lieu, mardi 14 mai 1839*.

2l3 — Le Christ au tombeau et les saintes Femmes.
> Calque d'après Giotto.
> Dernier dessin que Ingres ait exécuté, le 8 janvier 1867.
> Trois autres calques, d'après l'antique et Raphaël.
>
> Musée Ingres.

214 — Jeanne d'Arc.
> Mine de plomb.
> En bas, au crayon : *Ingres del., à ma jeune et aimable filleule Isabelle Guille, 1865.*
>
> Collection de M. Jean Guiffrey.

2l5 — Étude de mains.
> Ccrayon noir.
>
> Collection de M. Paul Jamot.

EAU-FORTE PAR J.-A.-D. INGRES

2l6 — Monseigneur de Pressigny.
> Signé : *J.-D. Ingres, fecit Roma, 1816.*
> C'est l'unique eau-forte connue de Ingres.
>
> Musée Ingres.

DIVERS

2l7 — Ingres et Mme Ingres chez eux, à Rome.
> Peinture par Jean Alaux (1786-1864).
> Signée : *Alaux, Rome, 1818.*

2l8 — Le Violon de Ingres.
> Légué à sa ville natale par Ingres.
>
> Musée Ingres.

SUPPLÉMENT AU CATALOGUE

219 — Le Serment des Horaces.

Dessin d'après le tableau de David.
Signé de la main de Ingres : *Ingres, delineavit.*
Signé de la main de David : *David, pinxit.*

Collection de M. le Baron Vitta.

220 — La Vierge et l'Enfant Jésus ; première pensée de la Vierge à l'hostie.

Peinture.

Collection de M. le Baron Vitta.

221 — La Mort de Léonard de Vinci.

Peinture. Non signé.

Collection de M. le Baron Vitta.

222 — Portrait d'homme en costume de cavalier.

Dessin à la mine de plomb.
Signé : *Ingres, d. Florence, 1823.*

Collection de M. le Baron Vitta.

223 — L'Apothéose d'Homère (Homère déifié).

Dessin à la mine de plomb et à l'encre de Chine.
Signé : *J.-A. Ingres, inv. pinxit delineavit, 1865.*

Collection de M. le Baron Vitta.

224 — Portrait de Mme Ingres, née Ramel.

Dessin à la mine de plomb.

Appartient à Mme la Comtesse de Behague.

225 — Étude pour une « Baigneuse ».

Dessin.

Appartient à Mme la Comtesse de Behague.

226 — Portrait de M. Pécharman de Vèze.

Dessin à la mine de plomb. Signé : *Ingres, del. Rome, 1815.*

Appartient à M. Arthur Veil-Picard.

227 — Portrait d'homme.

Dessin à la mine de plomb. Non signé.

Appartient à M. Arthur Veil-Picard.

228 — Portrait de Mme A. Dumond.

Dessin à la mine de plomb. Signé : *Ingres, à Monsieur Dumond, 1834.*

Appartient à Mme Henri Gillet.

229 — Portrait de M. A. Dumond.

Dessin à la mine de plomb. Signé : *Ingres, à Madame Dumond, 25 décembre 1830.*

Appartient à Mme Henri Gillet.

230 — Portrait de Mme Leblanc.

Dessin.

Collection de M. Léon Bonnat.

231 — Portrait de M. Revoil.

Dessin.

Collection de M. Léon Bonnat.

232 — Portrait de femme.

Dessin à la mine de plomb.
Signé : *Ingres à Mme Lavergne.*

233 — Portrait de Mme Borel.

Dessin à la mine de plomb.
Signé : *Ing.*

Collection de Mme Brialix.

234 — Portrait de Mlle Angèle Raoul-Rochette.

Dessin à la mine de plomb.
Signé : *Ingres, 1834.*

Collection de Mme Brialix.

235 — La Vierge.

Peinture. Signé : *Ingres.*

Collection de Mlle Rolland-Gosselin.